JN432936

오두막의 나막신

Les sabots dans la masure

프랑스 한불문화교류센터 후원

**Sous le parrainage du
Centre d'Echanges Culturels Franco-Coréens
en France**

오두막의 나막신
Les sabots dans la masure

장-샤를 도르주 (JEAN-CHARLES DORGE) 지음

김진하 (KIM Jin-ha) 옮김

신아사

Préface

Un message de l'amour et de la grandeur de la vie quotidienne

La poésie occidentale a été introduite pour la première fois en Corée en 1918 lorsque le poète KIM Eok a traduit et présenté la théorie poétique et la poésie symboliste française dans le premier hebdomadaire littéraire en Corée, *Taeseo Munyesinbo* (Journal de la littérature occidentale). Par conséquent, la première poésie occidentale que les lecteurs coréens ont découverte est la poésie française.

Plus tard, en 1921, lorsque KIM Eok a traduit et publié le premier recueil de poésie occidentale intitulé *La danse des tribulations,* on y trouve 85 poèmes occidentaux. Et la grande majorité d'entre eux furent français (64 poèmes). Ainsi, les lecteurs coréens connaissent bien les poèmes des poètes français tels que Charles Baudelaire, Paul Verlaine, Arthur Rimbaud et Paul Valéry.

Grâce à la signature de la convention de partenariat en 2023 à Paris entre la Société des Poètes Français et la Société des Poètes Sud-Coréens, les lecteurs coréens peuvent rencontrer les œuvres de poètes français d'aujourd'hui. Et maintenant, ils ont la chance de découvrir le premier recueil de poèmes, traduit et publié en Corée, du poète Jean-Charles DORGE, président de la Société des Poètes Français et président du Société des Auteurs et Poètes de la Francophonie.

서문

일상의 소중함과 사랑의 메시지

한국에 서양 시가 최초로 소개된 것은 1918년 한국 최초의 문예 주간지 「태서문예신보」에 김억 시인이 프랑스의 상징주의 시와 시론을 번역해서 소개함으로써였습니다. 따라서 한국 독자들이 최초로 만난 서양 시가 프랑스 시였습니다.

이후 1921년 김억이 최초의 번역 시집 『오뇌의 무도』를 낼 때 85편의 서양 시가 수록됐는데 절대 다수의 시가 프랑스 시(64편)였습니다. 따라서 한국 독자들은 샤를 보들레르, 폴 베를렌, 아르튀르 랭보, 폴 발레리 같은 프랑스 시인들의 시에 친숙합니다.

2023년 파리에서의 한 · 불 시인협회 상호 교류 협력 협정 체결로 한국 독자들은 프랑스 현역 시인들의 시를 만날 수 있게 됐습니다. 게다가 이제 프랑스 시인협회와 프랑스어권 작가-시인협회 회장인 장-샤를 도르주 시인의 최초 개인 시집 출판이라는 선물을 받게 됐습니다.

Jean-Charles DORGE montre aux lecteurs la beauté de la vie quotidienne. Par ses œuvres, il voudrait nous transmettre un message de l'amour. En effet, nous vivons en temps de guerre. En particulier, se poursuivent la guerre entre la Russie et l'Ukraine et celle entre Israël et le monde arabe. Dans cette crise des guerres dont les victimes sont innombrables, le message du poète Jean-Charles DORGE, celui de l'amour et de la grandeur de la vie quotidienne, résonne très fortement en nous.

Par ailleurs, nous sommes très reconnaissants à Monsieur Jean-Charles DORGE, président de la Société des Poètes Français d'avoir présenté en France plus de 100 poètes coréens.

J'espère que sa poésie précieuse sera découverte par de nombreux lecteurs en Corée. J'espère également que se poursuivent encore son activité littéraire vigoureuse et sa brillante carrière de poète. Je félicite sincèrement la publication de ce recueil de poèmes en coréen.

YOO Ja-hyo,
Ancien président de la Société des Poètes Sud-Coréens

도르주 시인은 일상의 아름다움을 놓치지 않고 시로 그려내 독자들에게 보여줍니다. 그런 작업을 통해 그가 우리에게 전하는 메시지는 사랑입니다. 지구상에는 전쟁이 끊이지 않고 있습니다. 특히 러시아와 우크라이나, 이스라엘과 아랍권의 전쟁이 장기화 되어가면서 숱한 인명이 숨져가고 있는 가운데 도르주 시인이 전하는 일상의 소중함과 사랑의 메시지는 큰 울림을 줍니다.

더욱이 도르주 프랑스 시인협회 회장은 100명이 넘는 한국 시인들의 시를 프랑스에 소개해 준 고마우신 분입니다.

주옥같은 그의 시가 한국의 많은 독자들과 만나기 바랍니다. 그리고 그의 시문학이 더욱 빛나고, 문운이 왕성하기를 기원합니다. 한국어 시집 출판을 진심으로 축하합니다.

유자효

전 한국시인협회 회장

Les mots du poète

Depuis l'aube de ma conscience,
Progressivement, ma vision des choses se dédoublait…
Il y avait la voie logique, raisonnée, des réalités
Mais en parallèle j'observais des signes envoyés d'ailleurs.

Suivant un guide invisible et bienveillant,
J'offre mon temps pour la Poésie au service des autres,
En espérant instiller plus d'amitié et d'amour dans le monde.

Les échanges entre les différentes cultures, grâce à la poésie, favorisent un esprit de fraternité et de paix entre les êtres humains. Le rôle des poètes est de recréer entre eux et la nature, par l'art des mots, un sentiment d'unité qui peut les sauver individuellement et collectivement.

Avec mes remerciements pour la préface à M. YOO Ja-hyo, ancien président de la Société des Poètes Sud-Coréens, avec qui nous avons réalisé des choses merveilleuses dans l'échange poétique franco-coréen.
Également, avec ma profonde reconnaissance envers M. JO Hong-lai, président du conseil d'administration du Centre d'Echanges Franco-Coréens, sans qui ce recueil n'aurait certainement jamais vu le jour.

Paris, 19 avril 2025
Jean-Charles Dorge

시인의 말

내 의식이 깨어나기 시작한 이후,
점차적으로, 내가 보는 세상은 두 가지로 나누어지고 있었다…
논리적이고, 합리적인 길, 현실 세계가 있었고,
동시에 나는 어딘가에서 보내오는 신호도 주시하고 있었다.

보이지 않지만 자비로운 안내자를 따라,
나는 다른 사람들에게 도움이 되는 시를 쓰는 데 시간을 보낸다.
세상에 더 많은 우정과 사랑이 흐르기를 바라면서.

시를 통한 다양한 문화 간의 교류는 인류 사이에 형제애와 평화의 정신을 증진시킨다. 시인의 역할은 언어 예술을 통해 인류와 자연 간의 일체감을 재창조하는 것인데, 이를 통해 개인적으로 그리고 집단적으로 인류를 구원할 수 있는 것이다.

프랑스와 한국 시인들의 시 교류에 있어서 함께 놀라운 성과를 이루었으며, 본 시집에 서문도 써준 유자효 전 한국시인협회 회장에게 감사드린다.
더불어 한불문화교류센터 조홍래 이사장에게도 깊은 감사를 드린다.
그가 없었다면 이 번역 시집은 결코 세상의 빛을 보지 못했을 것이다.

파리, 2025. 4. 19.
장-샤를 도르주

TABLE DES MATIÈRES

차례

오두막의 나막신

Les sabots dans la masure

À Elena L.

Toi ma belle, l'unique, au cœur pétri d'amour,
De l'indigne souffrance, à la grâce pareille,
C'est toi qui m'apparus, après un long détour,
Pour rayonner sur moi comme l'or sur la treille.

Je n'avais pas encore aperçu dans ma chair,
Bien avant ta venue au centre de moi-même,
Ni l'intime beauté ni le chaud regard clair.
En toi la vérité pâlit quand ta voix m'aime.

Ô mon âme, faut-il que je taise ton nom
Pour ne pas faire fuir ta pudeur naturelle ?
Accepte mon poème : Aux autres je dis « non »,
À ces femmes d'un temps où j'étais en querelle !

(In *Harmonies voilées*, 2017)

엘레나에게

그대, 내게 하나뿐인 아름다움, 사랑 가득한 마음
부당한 괴로움에서 또 그 비슷한 은총까지
먼 길을 돌아온 뒤에 내게 나타나서는
포도 넝쿨 위 금빛처럼 환히 빛났지.

내 마음 한가운데 들어오기 전까지
아직 육체 속에서는 알아보지 못했었네
그 친밀한 아름다움도 따뜻하고 환한 눈빛도.
그대가 목소리로 사랑할 때는 진실이 희미하니까.

타고난 네 겸손함 달아나지 않게 하려면
오 내 영혼아, 너의 이름은 조용히 지켜야 할까?
내 시를 받아주렴. 다른 여자들에 대한 미련은 없어,
말다툼하며 싸우던 시절의 그 여인들 말이야!

(시집 『베일에 싸인 조화』 수록, 2017)

LES SABOTS

(*Villanelle*)

Les sabots dans la masure
Inactifs dans un recoin
Se moquent de leur usure.

Ils voudraient reprendre allure
Même emplis d'un peu de foin
Les sabots dans la masure.

Ils gardent fière courbure
Et, prêts à partir à point,
Se moquent de leur usure.

Nos aïeux, qu'on se figure,
En prenaient le plus grand soin
Des sabots dans la masure.

Mes vieux pas dans la froidure
Et mon âme sans besoin
Se moquent de leur usure.

Car, amis, je vous l'assure
D'hier le présent n'est loin,
Les sabots dans la masure
Se moquent de leur usure.

나막신

- 전원시 -

오두막의 나막신
구석에서 가만히
낡아도 괜찮다.

지푸라기 부스러기 가득해도
다시 걷고 싶겠지
오두막의 나막신

아직은 의연히 둥그런 곡선
제때에 길 떠날 채비하고
낡아도 괜찮다.

생각해 보면 우리 선조들이
가장 크게 마음 쓰던
오두막의 나막신

차가운 데로 내딛는 내 늙은 발걸음
부족할 것 없는 내 영혼
낡아도 괜찮다.

왜냐면, 벗들이여, 장담컨대
지금 이 시간이 어제와 멀지 않으니까,
오두막의 나막신
낡아도 괜찮다.

BEUVERIE

Au cabaret, je bois, je bois …
Le vin coule au tonneau de joie.
On parle sans répit, on rit,
On trinque, on chante, c'est Paris.

Des pipes fument, des mains frappent,
L'on se bouscule à la terrasse,
Le garçon court de place en place,
Mes yeux le suivent, le rattrapent.

Ma bouteille me communique
Mille impressions laconiques ;
Je la fais danser dans mes mains
Comme une amie sans lendemain.

Le sommeil me guette, assassin,
Ma tête tombe sur mon bras
Comme un ballon sur un coussin.
C'était aujourd'hui mardi-gras.

술잔치

술집에서 마시고 또 마신다…
와인은 기쁨의 술통 안을 흐른다.
사람들은 거리낌 없이 말하고 웃고
투정 부리고 노래 부른다. 이곳은 파리.

파이프에서는 담배 연기, 손뼉을 쳐대며
테라스 자리로 몰려 앉고
종업원은 이 자리 저 자리로 뛰어다니고
나는 두 눈으로 쫓다가 불러 세운다.

술병이 내게 전해주는 건
수백 가지 간결한 인상들
나는 손안에서 술병을 돌린다
내일이 없는 애인처럼.

살인자 같은 졸음이 나를 노린다
머리가 팔뚝 위로 떨어진다
베개 위로 무거운 공이 떨어지듯.
오늘은 부활절 마지막 날이었다.

DÎNER PAYSAN

Beaux haricots et belles fèves,
Oh, cassoulet au lard fumé !
Au milieu du labeur, la trêve :
Pesant canard qu'on a plumé …

Le feu crépite, oh bonne odeur !
La broche tourne, la volaille
Sera sur la table, à l'honneur.
Coule au tonneau, vin de ripaille !

Le grand Benoît tranche la miche
Et la grand-mère sert l'enfant …
Bouillon où dansent des pois chiches :
« Bois tout ton bol et deviens grand ! »

Beaux haricots et belles viandes !
Les cœurs dansent dans les sabots …
Siffle le vent aux flammes grandes,
Cuit doucement la poule au pot.

농부의 저녁 식사

고운 강낭콩에 좋은 잠두콩
오, 살짝 구은 기름살 넣은 카술레!
고된 노동 중간에 갖는 휴식이라
털 뽑은 묵직한 오리도 넣고…

장작불은 파닥파닥, 음 좋은 냄새!
꼬챙이가 돌면 오리 한 마리
멋지게 식탁에 오르리라.
술통으로 뛰어가서 잔치 술을 가져오렴!

브누아 삼촌은 둥근 빵을 자르고
할머니는 손주에게 먹이고…
작은 콩알들이 춤추는 찌개
« 한 그릇 뚝딱 먹고 어서 자라거라! »

고운 강낭콩에 맛있는 살코기!
나막신 속에서 마음은 춤추고…
일렁이는 불꽃에 바람은 휘휘 불고
뚝배기에서는 오리가 슬슬 익어간다.

MOISSON

Hier l'été si chaud nous faisait rêver d'ombre.
Il nous fallait pourtant faucher sous le soleil
Et nous avions le teint vermeil
Malgré nos corps blessés par les ronces en nombre.

Les femmes enlaçaient les javelles en gerbes.
Tout le village œuvrait aux champs comme aux greniers,
Glaneuses en dernier.
Les récoltes, par chance, étaient parfois superbes.

Qu'elles avaient alors le minois radieux,
Fières de leur travail accompli, nos grand-mères !
Nos épouses primaires
Savaient nous apporter du bonheur dans leurs yeux.

가을걷이

어제는 뜨거운 여름이 그늘을 꿈꾸게 했었지
그래도 우리는 햇살 아래서 낫질을 해야 했네
그래서 살갗이 벌겋게 탔다네
늦가을 가시덤불에 찔리기도 했던 몸이었는데.

아낙네들은 다발로 묶은 짚단을 안아 들었지
온 마을이 밭에서 곡간에서 분주했다네
마지막에는 이삭을 줍고
가끔 운이 좋으면 풍년이 들었지.

그 시절 우리 할머니들은 일을 마치면 뿌듯해서
얼굴이 환히 빛났다네!
신혼의 새색시들은 두 눈에 행복을 담아
우리에게 가져왔다네!

GÉRALDINE

Sur la place, au soleil, des joueurs de pétanque
Attirent le public des enfants, des badauds …
Sous un chêne un banc vide m'appelle. J'attends
Que ce jour me présente ses subtils cadeaux :

Des rires de jeunesse, des jambes de femmes,
Des regards de douceur, des rencontres d'amis,
Puis l'amour, puis la vie, puis le goût de la flamme,
Et de se réveiller après avoir dormi …

Une belle m'a dit avoir perdu son but
En traversant la place, dans sa jolie robe.
Nous avons bien cherché, enfin avons dit « zut ! » …

Les idées naissent vite quand le temps dérobe
Aux cœurs trop enjoués des heures exaltantes.
Le soir, à notre table, je l'ai vue contente.

제랄딘

햇살 내리쬐는 광장에서 페탕크 하는 사람들
아이들 무리와 구경꾼을 끌어들인다.
참나무 아래 빈 벤치 하나 나를 부르면
나는 기다린다, 오늘이 주는 미묘한 선물들을.

젊은이들의 웃음, 여자들의 종아리,
부드러운 눈길들, 친구들과의 만남,
그 다음은 사랑, 인생, 그 다음은 불꽃놀이 취미,
그리고는 잠을 자고 나서 다시 깨어난다…

예쁜 치마를 입은 어떤 미녀가 내게 말했다.
광장을 건너다가 갈 곳을 잃어버렸다고
우리는 함께 찾아보았지만 "제기랄!"이었다…

지나치게 즐거운 마음에서 흥분한 순간들을
시간이 가로채고 나면 곧 생각이 되살아난다.
저녁 식사 때 본 그녀는 만족한 모습이었다.

PREMIER MAI

Les travailleurs sont au chômage
Ils se promènent dans les rues
Les maisons changent de plumage
Au seuil de la saison qui mue.

Les hommes sortent de leur nid
Vêtus aux couleurs du soleil
Le jaune remplace le gris
Le ciel émerge du sommeil.

Des enfants jouent sur la placette
Le ballon vole et rebondit
Dans le cageot de la cueillette.

5월 1일 노동절

노동자들은 실업 상태라
길거리를 돌아다닌다
변하는 계절의 문턱에서
집들은 털갈이를 한다.

둥지에서 나온 사람들은
태양 빛 옷을 입었다
잿빛 대신 노랑으로 갈아입고
하늘은 잠에서 깨어난다.

아이들은 작은 공원에서 뛰논다
이것저것 담은 고리 바구니에서
날아가던 공이 다시 튀어 오른다.

LES GÉANTS DE PARIS

Paris c'est les passants à l'heure des cafés
Au retour des poètes à la Closerie,
Quand les habits de fête animent les quartiers
D'un ballet de couleurs devant les brasseries.

Paris c'est la beauté réunie en bouquets.
Tous les arts sont fête et ils nous y convient.
Ils s'y sont réunis, eux tous qui ont chanté
Les versets de l'amour, les émois de la vie.

Tour à tour gais ou sombres, lucides, grisés,
Ils ont tous défilé sur les ponts de Paris
Où la Seine en dessous brillait de leurs reflets.

Ils ont tous arpenté ces ruelles pavées
Où leurs pas gigantesques résonnent encore
D'un murmure ineffable, et ne cessent d'éclore.

파리의 거인들

파리는 커피 시간에 행인들이 보여주는 모습
클로즈리 공원으로 시인들이 돌아갈 때
파티복을 입은 사람들 형형색색으로 춤추며
동네마다 맥줏집에 활기를 불어넣고

파리는 꽃다발로 뭉쳐진 아름다움
모든 예술이 축제가 되어 우리를 부르는
거기서 모두 하나가 되어 노래 불렀지
사랑의 노랫말들과 인생의 감동을

번갈아 즐겁다가 침울하고, 또렷하다가 흐릿하게
모두가 함께 파리의 다리 위를 행진했지
그 아래로 비추는 센 강은 반짝였고

모두가 그 작은 골목길들을 돌아다녔지
아직도 그 거인 같은 발걸음 소리들 들리는 곳
알아들을 수 없는 웅성거림 끊임없이 생겨나네

LA TOUR EIFFEL

Paris lumière dans la nuit
C'est partout l'ombre qui s'enfuit.
Seule, immobile, haute et secrète
La tour Eiffel de loin vous guette.

Elle assiste, majestueuse,
Au glissement de l'eau du fleuve.
Pure, élégante, vertueuse
La tour Eiffel attend qu'il pleuve.

Axe repère des jours clairs
Dentelle même floue dans l'air
Elle semble porter bonheur
Aux voyageurs, au promeneur.

Joli présent d'une autre époque,
Des temps sans but elle se moque …
Signe élancé d'un monde en marche,
De ses espoirs elle est leur arche.

에펠 탑

밤의 어둠 속 파리의 빛
사방으로 사라지는 그림자
저 멀리 에펠 탑만 외로이 꼼짝없이
고고하게 은밀히 당신을 노려보네.

에펠 탑은 장중하게
미끄러지는 강물을 바라보고
순수하고 우아하고 고결하게
비가 내리길 기다리네.

맑은 날들을 식별하는 기준
공중에 흐릿하게 걸린 레이스
여행객들과 산책자에게
에펠 탑은 행복을 가져다 주네.

지난 세기가 남긴 멋진 선물
에펠 탑은 목적 없는 시대를 비웃네…
진보하는 시대가 던져준 상징
에펠 탑은 그 희망의 아치라네.

AU CHAMP DE MARS

Dans un jardin aux allées rondes,
Autour d'un champ d'herbe et d'oiseaux,
Sous la verdure un lieu abonde
En cris d'enfants, cris les plus beaux.

C'est le guignol qui les appelle.
Ils lui répondent par leurs rires,
Cœur en émoi, la mine belle,
L'œil qui palpite et qui admire.

La maison verte enchanteresse
Ferme sa porte à claire-voie
Sur les doux rêves de jeunesse.

Quand elle s'ouvre, après la fête,
Surgissent des êtres en joie.
Peut-être est né, même, un poète.

샹드마르스 광장에서

둥그런 오솔길 딸린 정원에서
풀꽃과 새들이 있는 마당 둘레로
녹음에 덮인 장소 하나
아이들 소리로 가득하다
세상에서 가장 아름다운 소리들.

인형 극장이 아이들을 부르면
까르르 웃으며 화답한다
들뜬 가슴에 환한 낯빛
두근거리는 눈으로 감탄한다.

마술 부리는 초록빛은
젊은이들의 달콤한 꿈 위로
빛이 새어드는 문을 닫아주고.

축제가 끝나고 그 문이 열리면
기쁨에 찬 아이들이 뛰쳐나온다
어쩌면 그때 시인도 하나 태어났으리.

* 이 시의 첫연은 4행이지만 번역에서는 5행으로 옮김.

LES PUTAINS

Dans les rues sombres et désertes
Coule une odeur de pas perdus
Qui mènent à la découverte
Des clairs carrefours défendus.

Là, des putains noires ou blondes
Comme des bronzes remuant
Ou des albâtres fluctuant
Montrent leurs jambes vagabondes,

Leurs sourires de femmes ivres
Ou bien timides à ravir.
Elles semblent entretenir
Des conversations à suivre.

Quand on fait mine d'avancer,
Nul ne peut pourtant les entendre ;
Elles se tournent pour lancer
L'œillade ou le mot pour se vendre.

Si l'on s'approche de trop près,
Elles vous prennent par la main
Ou vous fixent d'un regard vrai
À faire naître un corps humain.

매춘녀들

어둡고 한적한 길거리에
길 잃은 발걸음 냄새 흐른다
그 길을 따라가면 환한 사거리
금지된 구역이 나온다.

그곳의 흑인 창녀와 금발의 매춘부들
꿈틀거리는 청동상처럼
흘러내리는 석고상처럼
방랑하는 종아리들 내보인다.

술에 취한 여자들의 웃음이나
소심하게 유혹하는 웃음소리
이어지는 대화를 계속해서
길게 끌어가고 싶은 것 같다.

하지만 그냥 앞으로 가는 척하면
아무도 그녀들의 말 들을 수 없다.
그러면 여자들은 몸을 돌리고
몸 파는 눈빛이나 말을 던진다.

너무 가까이 다가가면
당신의 팔을 붙잡거나
진실한 눈길로 사로잡고서
사람의 몸 하나 태어나게 한다.

Si l'on quitte vite la place
Pour regagner sa maison froide,
Un étrange regret vous glace
Comme la cloche des beffrois

De certains pays embrumés
Où la solitude vous pèse.
Seule alors l'idée vous apaise
D'autres amours non consommés.

서둘러 그 자리를 떠나
차가운 집으로 돌아가면
이상한 아쉬움이 그대를 얼어붙게 한다
고독이 짓누르는 안개 낀 어떤 고장들

그곳에서 본 종탑의 종처럼.
그럴 때면 오로지 이루지 못한
다른 사랑들에 관한 생각만이
그대의 마음을 진정시킨다.

PICARDIE

Picardie mes amours, belles terres des dieux,
Mystère et profondeur au ciel de pluviôse,
Âme vivante du pays de mes aïeux,
Qui me reste secrète et pourtant grandiose,

Tes champs d'orge parfument mon air de Paris,
Tes briques sont mes murs, que j'ai quittés jadis
Au détour d'un chemin que reprendra mon fils
Peut-être par hasard ou pour m'avoir compris.

Plaines aquarellées aux songes d'âmes libres,
Région de grand air, à la douce fraîcheur,
Qui me redonne vie, à moi triste marcheur.

Oui, tu m'as engendré. Je veux que ton nom vibre,
Picardie en bonheur, comme résonne aux cieux
Le prénom de sa belle envers l'homme amoureux.

(Abbeville – 30/10/1982)

피카르디

내 사랑 피카르디, 아름다운 신들의 땅
비를 머금은 하늘엔 신비로움과 깊이
내 조상들의 고향의 생생한 영혼
내게는 여전히 비밀스럽고 장엄하다.

거기 보리밭은 내 파리 사람 표정에 향기를 주고
거기 벽돌집들은 오래전 내가 떠난 담벼락들인데
내 아들은 우연히, 아니면 나를 이해하게 될 때쯤
어쩌면 그 길모퉁이를 다시 걷게 되겠지.

자유로운 영혼들의 꿈이 어린 수채화빛 평원
부드러운 신선함에 대기가 넘치는 그 고장은
슬프게 걷는 내 발걸음에 다시 생기를 주네.

맞다. 저 땅이 나를 낳았다. 행복의 피카르디
사랑에 빠진 남자에게 애인의 이름이 울리듯
내 소망은 하늘에서 그 이름이 울리는 것이라네.

(아베빌, 1982년 10월 30일)

DE STRASBOURG

Monstre figé dans la dentelle
Hydre sacré au col hautain
Mythe présent, immense stèle
À la mémoire du destin.

Gardienne au cœur de la cité
Géante dame au ventre creux
Au nombril plein de sainteté
Porte d'un paradis ombreux.

Déesse humaine au corps de pierre
Muette voix d'un ciel divin
Vivante grâce à forme fière
Pure, légère, qui convainc …

La cathédrale est apparue
Sortie d'un rêve maléfique ;
Elle a chassé dans la grand-rue
Tous les démons philosophiques.

La cathédrale parle aux vents,
La cathédrale écoute et pleure,
Danse à la pluie, guide au levant,
Rit au soleil et chante aux heures.

스트라스부르 대성당

레이스 무늬 속에 얼어붙은 괴물
고고한 옷깃을 단 성스러운 물귀신
운명을 기념하며 세운
거대한 제단, 현전하는 신화.

도심 심장부에 서 있는 수호 여신
성스러움 가득한 배꼽에
배가 움푹 꺼진 거대한 여인
어둠 속 천국의 문.

돌로 된 몸에 인간이 깃든 여신
신성한 하늘의 말 없는 음성
순수하고, 가볍고, 설득력 있는
당당한 형태 덕분에 생생한…

대성당은 무슨 불길한 꿈에서
빠져나온 모습으로
온갖 철학의 유령들은
큰길로 내쫓아버렸다.

대성당은 바람에 말을 걸고
귀 기울여 듣고 눈물 흘린다
비에 춤추고, 해 뜨는 곳을 안내하고
햇빛에 웃음 짓고 시간마다 노래한다.

CLICHÉS DE PROVENCE

À Cassis
Sur la place, une glace
À la main,
Framboise et cassis,
Fruits rouges ! Tout bouge …
La boule qu'on lance, qui danse
Vers le cochonnet,
Comme une femme
Qui se pâme …
Les vieux de la pétanque,
Les jeunes de la calanque,
Tous réunis
Sous le soleil en grand conseil.
Parfums d'anis
Dans les hauts verres en verre fumé
De toutes les couleurs
Comme l'air embaumé
Par la forte chaleur …

(In *Soleil 9*)

(In *CD audio « Promenade poétique »*)

프로방스 사진

카시스 해변에서
붉은색 과일!
산딸기와 카시스 들어간
아이스크림 하나
손에 들면 모든 것이 움직인다…
페탕크 공을 던지면
춤추며 표적으로 간다
황홀해 하는 여인처럼…
페탕크 하는 노인들
칼랑크 해안의 젊은이들
훈수하는 태양 아래서
모두가 하나가 되고
흐릿한 유리의 굽 높은 유리잔에
온갖 색깔의
아니스 향기들
뜨거운 열기로
향기가 밴 공기처럼…

(시집『태양 9』 수록)
(오디오 CD「시의 산책」 수록)

BONHEUR DE L'ENFANCE

Oui que j'étais heureux avant l'âge des doutes,
Avant de me forger les premiers préjugés,
Au temps béni de voir sans que rien ne déroute,
De l'éveil sans réponse à la vie sans projet !

Heureux avant d'aimer de mon premier amour
Quand je ne savais pas qu'il me faudrait le perdre,
Avant de découvrir les dangers qu'on encourt
À se dresser enfin au milieu des bipèdes !

Retour à l'innocence ! Ohé, temps révolus !
Redonnez-moi le corps et l'esprit de l'enfance …
Mais cela reviendrait en un rêve absolu
À revoir tout pareil avec moins de souffrance !

Hélas ont disparu les plantes et les gens.
Des murs neufs ont fermé l'horizon des grands arbres.
Je cherche en vain la cour de mes jeux sans argent
Où le saule abattu ne pleure plus ma barbe !

Revenez mes amis comme au temps du goûter,
Quand grand-mère ajoutait du sucre sur nos fraises …
Surtout ne dites mot, puissions-nous écouter
Parler ce souvenir, de nos vies la genèse !

어린 시절의 행복

철들기 전, 최초의 편견들을 갖기 전
그래 나는 얼마나 행복했던가!
대답 없이 깨어나 계획 없이 살아도
하나도 어지럽히지 않고 눈 뜨던 축복의 시절.

첫사랑으로 사랑에 빠지기 전
그 사랑을 잃어야 한다는 걸 알기 전에
직립 보행하는 인간들 속에서 마침내
몸을 세울 때 만나는 위험들을 알기 전에!

순진무구함으로 돌아가자! 아, 끝나버린 시절아!
어린 시절의 몸과 마음을 내게 돌려다오…
하지만 똑같이 덜 괴롭게 그걸 다시 보는 건
절대의 꿈속에서나 돌아오겠지!

어허라! 초목도 사람도 모두 사라졌다.
새로 생긴 벽들이 커다란 나무 지평선을 닫아버렸다.
돈이 없이도 잘 놀던 마당은 찾아봐도 소용없다.
아하, 거기 베어진 버드나무는 이젠 울지도 않는다!

친구들아, 다시 모여라, 간식 시간 때처럼
할머니가 딸기에 설탕을 뿌려주던 그 시절로…
아무 말 하지 말자, 우리들의 인생을 낳아 준
그 추억이 하는 말이 들릴지도 모르니까!

PREMIERS JOURS D'AUTOMNE

J'aimais bien les hivers au temps de mon enfance,
À cause de la neige, à cause de ses jeux,
Puis les automnes au temps de l'adolescence
Pour ses odeurs d'amour et ses couleurs de feux.

Le printemps m'a toujours fasciné par ses fleurs
Naissant encore au froid, par ses premiers soleils.
Quant à l'été, saison de la douce chaleur,
Je l'ai toujours béni pour ses rires vermeils.

Mais aujourd'hui l'automne, je l'accepte mal.
L'été s'est échappé comme un voyou furtif,
Abandonnant mon corps dans un froid lacrymal…
Mon cœur d'orphelin guette un soleil fugitif.

Les premières rafales de vent et de pluie
Battent mon visage étourdi qui cherche et pleure,
Et comme un pauvre diable loin de la demeure,
J'erre sans but, empli d'une chaleur enfuie.

초가을

어린 시절에 겨울을 무척 좋아했지
눈 때문에, 눈 장난 때문에.
청소년 시절엔 가을을 좋아했지
사랑의 향기와 사랑의 불꽃 색깔 때문에.

봄은 언제나 추위에서 다시 태어나는 꽃으로
새로 솟아나는 햇살로 나를 매혹했지.
달콤한 열기의 계절, 여름엔 언제나
그 진홍빛 웃음 때문에 여름을 축복했지.

오늘 다시 가을이 왔는데, 그게 잘 안되네.
도망쟁이 난봉꾼처럼 여름은 달아나 버렸고
내 몸은 눈물 나오는 차가움에 버려졌네…
고아가 된 내 마음은 달아나는 햇빛을 쫓고.

처음으로 몰아치는 폭풍우가 얼얼하게
얼굴을 때리면 나는 길을 찾으며 우네.
집에서 멀리 나온 불쌍한 개구쟁이처럼
정처 없이 헤매네. 사라져간 뜨거움 가득 안고.

LA HAIE

De père en fils des paysans
Y ont œuvré durant des lustres,
Creusant, plantant et palissant,
Taillant, fauchant de leurs mains rustres

Pourtant belles : Ces mains calleuses
Avaient tressé les aubépines,
Noué leurs tiges cavaleuses,
Abris d'oiseaux et de lapines

Aux noisetiers nombre de frênes,
D'ormes et de pommiers sauvages
Se sont adjoints, et même un chêne
Devint de la haie le vieux sage.

Combien d'hommes l'ont émondée
Depuis trente générations ?
La haie repart d'une coudée
Entre Pâques et l'Ascension.

Elle a fourni les villageois
Et leurs bêtes en nourriture
- baies et gibier -, en fleurs, en bois,
En tous remèdes qu'ils voulurent…

울타리

아버지에서 아들까지 오래전부터
농부들이 투박한 손길로 만들었네,
구덩이 파고 나무 심고 덩굴 심고
자르고 삽질해서.

그래도 아름답네.
못 박힌 손으로 산사나무 엮어서
바람둥이 줄기들 묶어 놓아
새와 토끼가 숨는 곳이 되었네.

개암나무에 수많은 물푸레나무
느릅나무와 야생 사과나무 합쳐지고
심지어 참나무 한 그루는
울타리의 늙은 현자가 되었네.

삼십 대 조상 때부터 얼마나
많은 사람이 가지치기 했던가?
부활절과 성모승천 축일 사이에
울타리는 한 자씩 자란다네.

마을 사람들과 짐승들에게
열매나 사냥감이 되는 먹을거리를 주고
꽃을 주고 땔감을 주고
바라는 모든 치료 약을 주었다네…

La haie rayonne de beauté
Freinant les vents tout en souplesse,
Cachant sans fin de nouveautés
La modestie de sa noblesse.

La haie pleureuse des fossés
S'abreuve aux sources débordantes…
(C'est que les rus sont exhaussés
De couler sous leur confidente !)

Au promeneur qu'elle accompagne
Elle lui dit son amitié,
Voudrait qu'il aime la campagne
Et prenne goût à ce sentier…

Aussi, redoublant de murmures,
De sifflements et de parfums,
La haie de ses frêles ramures
Lui montre mille séraphins…

L'homme y respire l'innocence,
Le renouveau perpétuel
De celle qui jamais n'offense :
Nature amie ! Songe réel !

울타리는 아름다움으로 빛난다네.
불어오는 바람을 부드럽게 가라앉히고
새로운 것들로 끝도 없이
고귀함을 겸손하게 감춘다네.

도랑 물에 흠뻑 젖은 울타리는
넘치는 샘물에 목을 축이네…
(그건 울타리 아래로 흐르는 개울물이
넉넉히 높아졌기 때문이지!)

친구가 된 산책객에게는
우정을 말해주고
전원을 사랑해 달라고
그 오솔길을 좋아해 달라고 한다네…

그리고 또 웅성대는 소리로
휘파람 소리와 갖가지 향기로
연약한 잔가지들 흔들며
수많은 수호천사들을 보여준다네…

사람은 거기서 무구함을 마시고
여태 주어진 적 없는 영원한
부활을 마신다네.
친구 자연이여! 생생한 꿈이여!

La haie protège par son ombre
Contre l'ardeur du soleil roi
La sieste dans laquelle sombre
L'homme l'été sans avoir froid.

S'embrasent bientôt les toisons ;
L'automne rit dans les charmilles.
Les feuilles dansent. La saison
Rougeoie, caresse et déshabille …

Elle, la vraie, la variée,
La haie rivale des hauts murs,
Se fait chantante mariée
Aux jours de noces, des fruits mûrs.

Alors, dans ses mille salons
S'invitent pinsons et fauvettes,
Tous caqueteurs, tous violons
Et toutes races de la fête.

Le jour s'amuse et virevolte …
Le soir tombe en un lourd sommeil.
Des yeux s'ouvrent sur les récoltes :
Se tient en secret un conseil !

태양왕의 뜨거움에 맞서
울타리는 그늘로 낮잠을 지켜주네
사람은 여름에 춥지 않게
낮잠에 빠진다네.

덤불은 금방 불타오르고
가을은 정자에서 웃음 짓네.
나뭇잎들 춤추고 계절은 붉게
애무하다가 옷을 벗고…

진실하고 다채로운 울타리는
높은 담벽들과 키재기하고
결혼식 날이나 과일이 익는 날엔
노래하는 신부가 된다네.

그러면 수많은 살롱에서
방울새와 솔새들이 서로 초대하네.
잔치에 초대된 온갖 손님들이 모두
조잘대며 모두가 바이올린이 된다네.

햇빛은 장난치며 빙빙 돌고…
저녁은 무거운 잠으로 내리고
수확물 위로 활짝 뜨이는 눈.
비밀리에 회의가 열린다네!

Sous les étoiles innombrables
Brillent les regards scrutateurs
De deux chouettes sur l'érable
Guettant rongeurs et prédateurs.

Le campagnol pris à revers
File droit vers la haie refuge.
Hospitalière aussi l'hiver,
Elle recueille les transfuges.

Par temps de neige ses longs bras
Dans l'harmonie du paysage
Guident plus qu'ils ne sont claustras :
La haie nous montre les passages … .

Quand rejaillissent les couleurs
Dans le damier des grands espaces,
Sous les châtaigniers enchanteurs
De jeunes amoureux s'enlacent.

Le doux printemps bénit la haie
De claires pluies en frais baisers …
Le muguet court sous la tremblaie,
Les rosiers grimpent en excès.

무수히 반짝이는 별들 아래서
단풍나무 위 올빼미 두 마리
설치류와 포식자들 노리며
염탐하는 눈길 빛내고

뒤에서 쫓기는 들쥐는 곧장
울타리 피난처를 향해 내달리고
겨울에도 반가이 맞아주는 울타리는
도피자들을 받아준다네.

눈 내리는 계절엔 긴 팔로
풍경의 조화로움 속에서
칸막이가 아니라 안내자가 되어
우리에게 지나갈 길을 보여주네…

바둑판 같은 커다란 공간 속에서
혹은 매혹하는 밤나무 아래서
색색의 생명들이 다시 돋아나면
젊은 연인들은 서로 끌어안고.

부드러운 봄은 맑은 빗방울의
시원한 입맞춤으로 울타리를 축복하고…
은방울꽃은 사시나무 아래로 달려가고
장미 덩굴은 넘칠 듯 기어오르네.

Voyez-la qui monte à nouveau !
Élaguez peu ses branches fières,
Ne nettoyez que ce qu'il faut :
Ronces méchantes et vieux lierre !

Là-haut des couronnes de hêtres
Étalent grâce et majesté.
Les peupliers venant de naître
Frayent bientôt sans contester.

Des hirondelles bâtisseuses
Vont et reviennent en piqué.
Infatigables, ces danseuses
Trompent les espions embusqués.

Quand un rossignol interprète
Le chant d'une aube aux accents clairs,
Quelques mésanges guillerettes
Semblent amorcer un concert …

Passent des papillons follets
Sous un sorbier de sérénade,
Jaillit d'un creux alvéolé
Un pic austère fuyant l'aubade.

저기 다시 솟아오르는 것을 보시게!
자랑스러운 가지들은 전정하지 말고
꼭 필요한 것만 치우기로 하세.
고약한 가시나무들이나 늙은 담쟁이들만!

저기 높이 너도밤나무 왕관들은
은총과 위험을 내보이고 있네.
막 태어난 포플러나무들은 곧
의심 없이 길을 내가네.

집 잘 짓는 제비들은
급강하로 오고 가네.
지칠 줄 모르는 저 춤꾼들은
숲에 숨은 첩자들을 속이네.

종달새 한 마리 낭랑한 음색으로
새벽 노래를 읊을 때면
몇 마리 쾌활한 깨새들이
협주곡을 시작하는 것 같네…

세레나데 부르는 마가목 아래로
팔랑팔랑 나비들 지나다니고
벌집 모양 구멍에서는 딱따구리 한 마리
아침 음악을 피해 빠져나오네.

Tous les insectes de la terre
Ont fait escale dans la haie …
D'instinct grégaire ou solitaire,
Rampant, volant sous la saulaie,

Des origines, du mystère
Ils sont témoins (Il les fallait …).
Dieu, que ton esprit planétaire
Toujours habite la boulaie !

Pour toi, tes filles et tes fils,
Où que tu sois, d'où que tu viennes …
Homme ! Protège l'oasis
Au cœur des villes, dans les plaines …

L'oasis vert des arbres libres !
Ils t'ont donné plus que tu penses,
Ces marronniers de l'équilibre …
Et ces tilleuls sans éloquence !

(In *L'Exil du jour*)

대지의 온갖 벌레들이
울타리 속을 기항지로 삼았었네…
군집 본능이나 단생 본능으로
버드나무 숲속을 기어오르고 날아다니며

여러 기원이나 신비를 알려주는
증인이 되었네. (그들이 필요했네…)
하느님, 당신이 어디에 계시든 어디서 오셨든
당신과 당신의 아들과 딸을 위해

지구에서 당신의 영성은 언제나
자작나무 숲에 살게 하소서!
사람들이여! 도시의 심장부에
평원에 오아시스를 지킵시다!

자유로운 나무들이 있는 초록의 오아시스를!
나무들은 인간에게 생각보다 많은 걸 주었다네.
균형 잡힌 저 마로니에 나무들…
거창한 말이 없는 저 참나무들은!

(시집 『일상의 탈출』 수록)

BACCHANALIA

Amis, ce soir, vive la fête,
Oublions l'heure et le tourment,
Que le vin livre sa recette
Pour oublier le jour dément !

Cueillons l'instant sorti de l'ombre,
Faisons durer notre présent,
Partageons, quel que soit le nombre,
La douce ivresse au ton plaisant !

Rions des pleurs qui nous rabaissent,
Buvons et trouvons un chemin,
Rangeons les armes qui nous blessent,
Chantons un heureux lendemain !

바쿠스 신처럼

친구들아, 오늘 밤은 축제를 즐기자,
시간도 괴로움도 잊어버리자,
술값은 계산하고
이상한 하루는 잊어버리자!

어둠에서 빠져나온 순간들을 따 모으자,
우리의 현재를 연장하자,
몇 명이 되었든 함께하자,
기분 좋은 목소리로 부드럽게 취하자!

낙담시키는 눈물들 웃어넘기자,
함께 마시며 하나의 길을 찾자,
상처 주는 무기들 내려놓고,
행복한 내일을 노래하자!

SOMMEIL

Suis-je si courbatu … Je m'en vais, je me couche.
Tant pis si je m'absente au milieu du banquet,
Si le champagne est bu quand mon corps devient souche,
Rejoignant les enfers que mon jumeau vainquait.

Tant pis si l'on croira que le bruit m'effarouche
Ou que je sois sujet à d'étranges vapeurs !
Je rentre au soupirail où la terre me touche
Pour vivre l'union de la nuit et des peurs.

Je pars en conquérant enfoncer mes racines
Dans ce royaume froid que labourent des vers,
Sentir au plus profond quel lendemain dessine
En moi le choix d'un sens pour mes sens à l'envers.

잠

이렇게 녹초가 되었다니… 가서 누워야겠다.
술자리 중간에 내가 빠져도 어쩔 수 없지!
샴페인을 마시면 그루터기가 되는 몸
내 쌍둥이 형제가 이겨내던 지옥을 다시 만나네.

내가 소음을 끔찍하게 싫어한다고들 믿어도
거짓으로 아픈 척한다고들 믿어도 할 수 없지!
땅바닥에 닿는 채광창으로 돌아가서
밤의 어둠과 무서움이 하나가 된 삶을 살아야겠다.

그 차가운 왕국을 점령하러 나는 떠나서
뿌리들을 깊이 묻고 시구들을 일궈야겠다.
거기 깊은 곳에서 내 마음속 어떤 내일이
이면의 감각을 위해 어떤 의미를 고르는지 느껴야겠다.

LE PAYSAN ABSENT

Paysan, ta campagne orpheline te pleure,
Le silence a gagné tes champs qu'on a rouverts …
Des haies de tes aïeux, terrains à bulldozers,
Il ne reste plus rien, qu'un arbre en ta demeure !

Pourtant le carillon sonne toujours à l'heure
Dans le vaste logis de ton vieil univers
Et rien ne couvrira, perçant les blancs hivers,
Ta voix chaude exhortant un présent qui nous leurre.

Car leur timbre si cher nous donne encore espoir
Par-delà ce désert sans le moindre dortoir.
Il te faut urgemment revenir à la terre !

Paysan nécessaire au futur du vivant,
Toi seul peux obliger les menteurs à se taire :
Tu fabriques le vrai quand ils sèment du vent !

농부의 빈자리

농부여, 고아가 된 그대의 땅이 울고 있다
갈아엎은 그대의 밭에 침묵이 찾아왔다…
그대 조상들의 울타리, 불도저가 멈춘 땅에
남은 건 없고 그대의 집에 나무 한 그루뿐이구나!

그대의 오래된 세계의 드넓은 거처에서는
그래도 날마다 자명종이 시간 맞춰 우는구나
하얀 겨울이 닥쳐와도 그대의 뜨거운 목소리
현재에 속는 우리를 응원하는 그 목소리 덮지 못하리라.

잠잘 곳 하나 없는 저 사막 너머로
저 귀한 겨울의 음성은 다시 희망을 주나니
그대는 서둘러 저 대지로 다시 돌아오라!

살아남은 자의 미래에는 농부가 필요하다
그대만이 거짓말쟁이들을 입 다물게 하나니
그들이 바람을 뿌릴 때 농부는 진실을 만들어내나니!

RÊVE DE PRIÈRE

Entendre, sans souffrir, une voix paysanne
Raconter la moisson par ces temps de chaleur,
Écouter butiner l'abeille dans la fleur ;
Rêver d'une harmonie ainsi qu'eût vu Cézanne ...

S'étonner d'un nuage en buvant sa tisane
Et tandis que la brise appelle au vent parleur,
Rapidement marquer sa page avec douleur
Quand la grêle survient avant la tramontane.

Reprendre sa lecture au fond d'un lourd fauteuil
Car précipitamment rentré sur Argenteuil,
L'on préfère en ce jour la ville à la campagne.

Pourtant reste muet le haut mur mitoyen
Cachant un horizon que le soleil regagne ...
Fermer alors les yeux, prier tel un doyen !

기도의 꿈

괴로워하지 말고 농부의 목소리를 듣자
이 뜨거운 계절에 수확을 이야기하자
꿀벌이 꽃에서 꿀 따는 소리를 듣자
화가 세잔이 보았을 조화로움을 꿈꾸자

산들바람이 수다쟁이 바람을 부르는 동안
한 잔의 구름 차를 마시며 경탄하자
하늬바람에 앞서 찬 서리가 들이닥칠 때
서둘러 그 페이지에 고통을 표시해 두자

묵직한 소파에 파묻혀 그걸 다시 읽자
황급히 아르장퇴유로 돌아온 오늘은
전원보다 도시가 더 좋아지니까

그래도 우뚝한 옆집 담벽은 조용하다
다시 햇살이 내리는 지평선을 감춘 채…
자, 눈을 감고, 주임사제처럼 기도하자

LE HAMEL

Avant d'être notre église
Notre maison, notre nid,
Avant que je ne relise
D'anciens vers rajeunis,

Avant que mes sens profanes
Me propulsent dans les airs
Avant que ma peau se fane
Au soleil de mon désert

Avant d'être notre église
Notre maison, notre nid,
Il faut bien que je vous dise,
Pauvres toits et murs bénis :

Vous êtes de ma famille,
Des amis d'éternité,
En moi tout ce qui fourmille
Comme une maternité.

르 아멜

우리 교회, 우리 집
우리 둥지가 되기 전부터
오래전 시구들을 새롭게
다시 다듬기 전부터

저속한 감각들이 나를
유행가 속으로 던져넣기 전부터
사막의 햇살을 받아
살갗이 시들기 전부터

우리 교회, 우리 집
우리 둥지가 되기 전부터 있던
가난한 지붕들아, 축복받은 담벽들아,
너희에게 꼭 이 말을 해야겠다.

너희는 우리 가족의
영원한 친구들이라고
어머니처럼 내 마음속에
흥성대는 모든 것이라고.

LA MAISON

Existent-ils, ces murs, emplis d'âmes chéries
Où pénètre sans fin le soleil du bonheur
Par la fenêtre ouverte aux chants des égéries
Dans les parfums mêlés des fleurs de notre cœur ?

Existe-t-il, ce toit, abri de notre enfance
Arrosé par les pluies de roses souvenirs,
Gardien de l'espoir d'un futur de Jouvence
Où nous accomplirions nos plus secrets désirs ?

Ne serait-ce un mirage au désert de croyance,
La maison d'un grand rêve à la marge du temps ?
Suffit-il de la voir aux couleurs d'une danse
Pour la faire renaître au jardin de printemps ?

집

우리 마음의 꽃들 뒤섞인 향기 속에서 속삭이는
여인들의 노래를 향해 열린 창문으로
행복의 햇빛이 끝도 없이 새어 들어오는
사랑스러운 영혼들 가득한 이 벽들은 실재할까?

우리 어린 시절의 은신처, 저 지붕은 실재할까?
추억의 장미 꽃비에 흠뻑 젖은 어린 시절의
가장 은밀한 우리의 소망들을 이루어줄
청춘의 미래의 희망을 지키는 수호자
어린 시절의 은신처 저 지붕은 실재할까?

시간의 여백에 있는 커다란 꿈속의 집
믿음이 없는 사막에서 그건 신기루가 아닐까?
봄날의 정원에 그 집을 다시 세우려면
여러 색깔로 춤추는 모습 보는 걸로 충분할까?

ROUTES

Routes,
Routes longées d'arbres,
Routes et arbres immobiles,
Quand tout passe,
Quand tout fuit …

Je transporte mon présent fugace,
Le fardeau de mes ans passés,
Jusqu'à la pointe de vos directions,
Pour les polir
À votre sagesse.

길

길
나무들이 늘어선 길
움직임이 없는 길과 나무들
모든 것이 지나가는데
모든 것이 사라지는데…

나는 덧없는 내 현재를
지나간 세월의 짐을 실어 나르네
길들이 가리키는 쪽 끝까지
길의 지혜로
나의 세월을 닦으려고.

MARÉE BASSE

Marée basse au soleil qui s'étire dans l'eau ...
Sous des barques menues, au loin murmure l'onde,
Une brise traverse la plage qu'inonde
Un parfum d'algue fraîche et de crustacés chauds.

Dans l'ombre d'un nuage des mouettes folles
Planent en tournoyant au dessus d'un miroir
Dont le tain s'évapore sur un plat séchoir,
Où quelques jeunes crabes s'agitant s'immolent.

Tôt le ciel s'assombrit, l'horizon s'illumine
D'un vaste escalier aux sommets aveuglants ;
C'est un dieu qui se cache, un géant qui culmine.

Tard le néant surgit sur les flots, étranglant
Les ultimes îlots d'un sable qui se tasse ...
À demain, paysage de la marée basse !

썰물

썰물에 비친 햇살 물속으로 퍼지고…
작은 조각배들 아래로 멀리 파도 소리 웅얼웅얼
신선한 해초와 뜨거운 조개류 냄새
가득 넘치는 해변을 가로지르는 실바람.

구름 그림자 속 거친 갈매기들
거울 위로 빙빙 돌며 날아다니고
어린 게 몇 마리 파닥이며 죽어가는
평평한 건조대 위에서 주석 빛이 증발한다.

드넓은 계단부터 눈이 부신 꼭대기까지
금세 하늘이 어두워지고 지평선은 환해진다.
신은 몸을 감추고 거인이 지배한다.

뒤늦게 물결 위로 허무가 솟구쳐 올라
쌓이는 모래로 마지막 섬들의 목을 조른다…
내일 다시 만나자, 썰물의 풍경이여!

L'ORIFLAMME

Délice amer
D'un chant de mer
Qui m'effare
L'amour ancien
Soudain revient
En fanfare.

La femme-enfant
En triomphant
De mon âme
A traversé
Bouleversé
L'oriflamme

Je l'ai reçu
Comme un tissu
Qui vous sauve
L'ayant brandi
Il m'a conduit
Hors l'alcôve.

깃발

바다가 부르는
한줄기 노래의
씁쓸한 쾌감
나를 놀라게 하고
옛사랑이 문득 떠오른다
팡파레처럼.

승리에 찬
어린 여인이
내 영혼을
가로지르며
깃발을
꺾어 내렸다.

그대를 구원하는
천 조각처럼
그걸 받아 들고
나는 휘둘렀다.
그 깃발이 나를
골방 밖으로 이끌었다.

PLAGE

Dans le brouhaha des vagues qui frappent
Un sable trop fin pour rester en place
Malgré les remparts de châteaux d'enfants,
De fins cris d'oiseaux percent les nuages
Et des bateaux passent
Et des enfants tapent
Sur leur seau, sauvages
Bâtisseurs, au vent … .

바닷가

아이들이 쌓은 모래성이 막아도
제자리에 가만히 있으려고
자디잔 모래 해변을 때리는
파도들의 웅성거림 속에서
날카로운 새소리들 구름을 찌르고
배들은 지나가고
원시의 건축가들 같은
아이들은 바람을 맞으며
양동이를 두드리고 있다…

AU VENT DU TEMPS

Comme une ville abandonnée
Au vent de la mer,
Discret,
Qu'un sable immobile envahit
Insensiblement,
Année
Qu'on laisse au hasard d'un steamer
Quitter
La vie
Ou la jeunesse simplement,
J'assiste, ô ma fée,
À mon délabrement
Et je souris
Au vent.

(In *Les Feux de l'Horizon, 1984*)

시간의 바람에게

아무도 모르게
바닷바람에 맡겨진
도시처럼
꼼짝없는 모래사장이
부지불식간에 침범하는
세월
증기선이 가는 대로
떠나가게 두자
인생을
아니면 단지 젊음을
오, 나의 요정이여,
무너지는 내 모습을 바라보며
웃음을 보낸다
바람에게

(시집 『지평선의 불꽃』 수록, 1984)

À MARÉE BASSE

À marée basse …
Les mouettes crient de joie et moi, de désespoir.
Je crie à la mer au loin, trop loin …
À ces oiseaux qui pleurent en moi.
Je hurle, je les chasse.
Je crache des larmes.
Ohé, la mer ! Je te cherche.
Poissons, mes amis,
(Que j'aime parce que je ne les vois pas)
Odeurs d'algues, parfums de mer,
Parfums que m'offre l'air …
Et moi, je ne donne rien.

썰물에

썰물에…
갈매기들은 기쁨에 소리 지르는데
나는 절망으로
아주 멀리 먼바다에 외친다…
내 안에서 우는 새들에게
고함치며 쫓아낸다.
눈물을 쏟는다.
야호, 바다야! 나는 너를 찾아왔다.
물고기들아, 내 친구들아,
(보이지 않는 너희들이 나는 정말 좋다)
해초 냄새들, 바다 향기들,
바람에 실려 오는 향기들이…
그런데 나는 아무것도 줄 게 없구나.

LE DÉSERT

Comme l'eau viendra
J'ai soif et mon outre
Est vide et le sable
À peine brûlant
Demeure muet …

Comme l'eau viendra
J'attends solitaire
En ce plat pays
Où dansent les roses
À même le sol …

Comme l'eau viendra
Chante en moi le soleil
Qui me perce le cœur
De ses rais vagabonds.
Un scorpion me salue …

Comme l'eau viendra
Comme passe la lune
Comme rêve un enfant
Comme un dieu s'assoupit,
J'attends et j'agonise …

사막

비가 올 것 같아서
나는 목이 마르고
가죽 물주머니는 텅 비고
불타는 듯한 사막은
말없이 잠잠하고…

비가 올 것이라서
나는 홀로 기다린다
땅바닥에 바싹 붙어서
장미들이 춤추는
이 평평한 나라에서…

비가 올 것이라서
내 마음속 태양은 노래하고
떠도는 햇살로 심장을 찌르고
전갈 한 마리
내게 인사를 보내오고…

비가 올 것처럼
달이 지나가듯이
어린아이가 꿈을 꾸듯이
신이 잠들 듯이,
나는 기다리다 죽어간다…

Comme l'eau viendra
Comme une manne du ciel
À l'horizon des bédouins
Forment une caravane,
J'appelle, elle n'entend pas …

Comme l'eau viendra
Mes yeux d'acier se referment.
Il me souvient d'un corps souple
Qui gravissait les montagnes.
Le miroir, bruyamment, tombe.

(In *Les Parfums du songe*)

하늘의 선물처럼
비가 올 것 같아서
지평선의 베두인들은
캐러밴 무리를 이루는데,
내가 불러도 듣지 못한다…

비가 올 것 같아서
강철 같은 내 눈은 감긴다.
산을 기어오르던
부드러운 몸이 기억난다.
거울이 요란하게 떨어진다.

(시집 『꿈의 향기』 수록)

LÀ-BAS

Ici n'avance que la Seine
Au rythme lent de ses péniches ;
Tout ne s'agite qu'avec peine,
Les pauvres courent pour les riches.

Ici tout grouille de bêtise :
On parle, on crie, l'on se bouscule,
Le travail même fanatise …
Ô liberté bien ridicule !

Là-bas tout vit dans la grandeur,
L'on sait choisir un vrai destin …
La vérité avec ardeur
Offre à l'esprit un vrai festin.

Là-bas l'amour c'est une chose
Qu'ici l'on ne soupçonne pas.
Allez tuer votre névrose :
Là-bas, c'est où vous n'êtes pas !

그곳에서는

이곳에서 앞으로 나가는 건 센 강뿐
느릿한 거룻배들 리듬에 맞춰
모든 게 힘겹게 움직일 뿐
가난한 사람들은 부자들을 쫓아가고.

이곳에서는 모든 것이 어리석음 투성이
떠들고 외치고 떠밀고
노동마저 광신적이고…
오 정녕 가소로운 자유여!

그곳에서는 모두가 위대함 속에 산다
저마다 진짜 운명을 선택할 줄 알고…
열정 어린 진리는 정신에게
진정한 향연을 베풀어준다.

그곳에서의 사랑은
이곳에서는 상상할 수도 없는 그런 것.
어서 당신의 정서적 불안을 떨쳐버려라,
그곳에는, 당신은 존재하지 않는다!

NOCHES

Nuit de vide
Nuit d'espoir
Nuit où tout me paraît clair
Nuit où tournent les planètes
Dont ma tête
Nuit riche d'idées
Nuit riche de cœurs
Qui se rejoignent
Nuit es-tu lumière ?

(*11/1972*)

(In *Les Parfums du songe, 1984*)

밤

공허의 밤
희망의 밤
모든 게 밝게 보이는 밤
행성들이 운행하는 밤
그중에 내 머리도
생각으로 풍부한 밤
감정으로 풍부한 밤
그것들이 서로 만나는 밤이여,
너는 환한 빛이더냐?

(11/1972)
(시집 『꿈의 향기』 수록, 1984)

LA CACHE

Loin de ce monde-là qui court pour trop d'argent
Ignorant le méchant qui s'englue en sa perte
Respirant les parfums de ma fenêtre ouverte
Je libère mon âme au bon vouloir du vent.

Je vois ces pins obscurs pointer un ciel changeant
Qui, doré ce matin, m'offre une lueur verte ;
La nature s'endort, ce soir me déconcerte
Car ne m'inspire plus qu'un désir contingent.

Libre enfin de choisir mon ballot nécessaire
De m'alléger des biens au sinistre glossaire
Je me délecterais d'un vrai dépouillement.

Devrais-je ainsi quitter les choses qui m'attachent ?
Je ne tiens qu'à la terre. Or point elle ne ment.
Mes arbres ont grandi : Je m'en vais en leur cache.

(In *Harmonies voilées, 2017*)

숨을 곳

큰돈을 좇아다니는 이 세상에서 멀리 떨어져
잃어버린 돈에 매달리는 못된 마음도 무시한 채
열린 창문으로 들어오는 향기 들이마시며
착한 바람 부는 대로 영혼을 내맡긴다.

저기 어두운 소나무들 색깔 바꾸는 하늘을 찌르고
오늘 아침 황금빛이었던 하늘은 희미한 초록빛이다,
그렇게 자연은 잠이 들고, 이 저녁 나는 당황한다.
내게 영감을 주는 건 사소한 욕망뿐이므로.

마침내 자유로이 꼭 필요한 짐꾸러미 고를 수 있고
사악한 목록에 있는 재산에서 가벼워졌으니
진정한 무소유를 누릴 수 있으리라.

그렇게 하면 나를 얽매는 것들에서 떠나게 될까?
내가 애착하는 건 대지뿐. 땅은 거짓말을 안 하니까.
내 나무들이 자랐다. 거기로 가서 숨어야겠다.

(시집 『가려진 화음』 수록, 2017)

POUSSIÈRE

Nous n'étions rien, bien avant l'œuf,
Qu'instinct d'amour sous les étoiles,
Une poussière entre les voiles
S'amoncelant par un jour neuf.

Grains, même pas, mais tous ensemble,
Épris d'un souffle humide et frais,
Nous avancions sous l'or des rais
D'un astre qui jamais ne tremble.

Enthousiaste, chaque cœur
Naissait d'esprit et de matière,
Glissait un œil sous la paupière
Pour entrevoir l'espoir vainqueur …

Elle était là, divine mère,
Nature offrant ses meilleurs fruits,
Se riant des projets détruits
Dans l'avenir d'une chimère.

먼지

난세포가 되기 전 우리는 아무것도 아니었지
빛나는 별들 아래서 사랑의 본능이었을 뿐
어느 새로운 날 난포막 사이로
먼지 하나 들어와서 쌓였지.

알갱이들이 아니라도 전부 함께
축축하고 신선한 숨결에 홀려
조금도 흔들리지 않는 어느 별의
황금빛 줄기 속으로 들어갔지.

열광에 빠진 저마다의 마음은
정신과 물질로 태어났고
눈꺼풀 아래로 눈동자 하나 슬쩍 넣어
승리자의 희망을 엿보았지…

거기에 신성한 모성이 있었지
가장 좋은 열매들을 내주는 자연이
공상의 미래 속에서
파괴되는 계획들을 비웃으며.

LE PIÈGE

Le tic-tac résonne
Les aiguilles tournent insensiblement.
Vivre, vivre …
Oui, mais …
Le tic-tac résonne,
Les aiguilles tournent discrètement :
Attention au temps
Qui nous encercle.

Inlassablement la pendule change d'heure.
Consommer … faire …
Une musique nous entraîne dans la danse.
Inlassablement le présent nous leurre.
Une bûche joue au sablier dans la braise.
Le destin manigance.

Le tic-tac résonne.
Tout sera vécu demain.
Le tic-tac résonne
L'on a changé de chemin.
Inlassablement la pendule change d'heure.
L'on s'approche du but
Et pourtant …
Inlassablement la pendule change d'heure.
Je resterai là, tout ce temps,
À regarder la pendule qui pleure.

덫

시계 소리 똑 딱 똑 딱
시곗바늘이 서서히 돌고 있다.
살자, 살자,
좋다, 하지만…
시계 소리 똑 딱 똑 딱
시곗바늘은 남몰래 돌고 있다.
우리를 둘러싼
시간을 조심하라고.

쉼 없이 괘종시계는 시간을 바꾼다.
완수하고… 만들고…
음악 한 곡이 우리를 춤추게 하고
쉼 없이 현재의 시간이 우리를 꿴다.
불잉걸 속 장작 하나 모래시계를 돌린다.
운명이 음모를 꾸민다.

똑 딱 똑 딱 시계 소리
내일이면 목숨이 다할 거다.
똑 딱 똑 딱 시계 소리
누군가는 길을 바꿨다.
쉼 없이 괘종시계는 시간을 바꾼다.
누군가는 목표에 다다른다.
그렇기는 하지만…
쉼 없이 괘종시계는 시간을 바꾼다.
이 시간 내내 나는 여기 있으련다.
눈물 흘리는 괘종시계 바라보며.

SONATE AU MIROIR

Les voix ont disparu, qui composaient l'enfance;
M'en reste une sonate aux timbres d'êtres chers,
Qu'en émoi je perçois par certains matins clairs,
Sursautant vaguement lors d'un rêve en souffrance.

Hélas, quand la musique à son rythme s'élance,
Je perds les sons bénis sous de superbes airs
Qui ne me parlent plus qu'au fond d'étranges mers,
Où mon esprit se noie en un épais silence.

T'ai-je perdu, beauté, dans la vague du soir,
Moi qui jusqu'au sépulcre eusse voulu te voir?
Pourquoi n'entends-je plus ces âmes qui se cachent?

Je voudrais percevoir leurs chants et les pleurer
Tant, au miroir, je sens leur souffle qui m'attache
À l'espoir d'un retour : Beauté, viens t'y mirer!

거울 속의 소나타

어린 시절을 작곡하던 목소리들 사라지고
남은 건 소중한 음색의 소나타 한 곡
가끔 맑은 아침이면 흥분 속에서 느낀다,
괴로운 꿈 꿀 때 희미하게 뛰어오르는 그 음악.

아하, 리듬에 맞춰 그 음악이 솟아오르면
내 영혼이 무거운 침묵 속으로 사라지는 그곳
이상한 바다 깊은 곳에서만 내게 들려오는
그 훌륭한 선율의 축복받은 소리는 사라진다.

아름다움이여, 무덤에서까지 너를 만났으면 했던 나는
저녁 파도 속에서 너를 잃어버린 것이냐?
어째서 숨어있는 그 영혼들의 소리가 들리지 않느냐?

거울 속에서 그 영혼들의 노래를 느끼며 울고 싶구나.
그토록 돌아올 희망에 나를 이어주는 그들의 숨결을
느끼고 싶구나. 아름다움이여, 거울에 비추어다오!

LE VOYAGE DE L'AVEUGLE

J'ai vu des anges bleus sur la montagne nue,
J'ai vu un oiseau triste aux confins des nuages,
J'ai vu des singes sur le haut d'un arc-en-ciel,
Des oies chantant un hymne, un porc les dirigeant,
J'ai vu des pèlerins courir sur des échasses,
Des lamas sur un lac, des ours dans la pampa,
J'ai vu des escargots rattraper des girafes,
Des cerfs en veste noire, un aigle en jupe verte,
J'ai vu des éléphants arroser un canard,
Un lapin sur le dos d'un kangourou rampant,
J'ai vu dans une grotte un crocodile en rut,
Au dehors une autruche attendait sa sortie …

J'ai vu un serpent rose cueillir une fleur,
Un chat prenant son bain, un mouton le sécher,
J'ai vu des papillons formant la farandole
À l'entrée d'un village de nains et de naine,
J'ai vu des champs de fleurs arrosés par des larmes
De cyclopes ailés qui pleuraient au vent sec,
J'ai vu dans un regard la lumière d'un feu,
Dans le creux d'une main la clé du paradis,
J'ai vu dans une rose un sourire de fée,
Un arbre dont les feuilles étaient des drapeaux,
Un océan à truites, un lac à baleines,
J'ai vu le ciel s'ouvrir, le soleil clignoter,

맹인의 여행

벌거숭이 산 위로 푸른 천사들이 보였지
구름의 경계선에 있는 슬픈 새 한 마리도
무지개 높은 곳에 앉은 원숭이들도 보였지
거위들은 찬가를 부르고 돼지는 지휘하고
죽마에 올라 타고 달리는 순례자들이 보였지
호수 위엔 라마들이, 대초원엔 곰들이
달팽이들이 기린들을 쫓아가는 게 보이고
어두운 정장 차림의 사슴들 초록 치마의 독수리
코끼리들은 거위 한 마리에게 물을 뿌리고
껑충대는 캥거루 등에 올라탄 토끼도 보이고
동굴 속에는 발정난 악어 한 마리
밖에서는 그놈이 나오길 타조가 기다리고…

장밋빛 뱀 한 마리가 꽃 한 송이 따는 게 보이고
고양이가 목욕하고 양이 그걸 말려주고
난쟁이들이 사는 마을 입구에서는
나비들이 파랑돌 춤 모양을 만드는 게 보이고
마른 바람에 눈물 흘리던 날개 달린 외눈박이 거인들의
그 눈물에 적셔지는 꽃이 핀 들판이 보였지
어떤 시야에서는 한 줄기 불길의 빛이 보였지
우묵한 손바닥 안에는 천국의 열쇠
장미 한 송이에는 요정의 미소
이파리들이 깃발처럼 나부끼는 나무 한 그루
송어들이 사는 바다, 고래들이 사는 호수
하늘이 열리고 태양이 윙크하는 걸 보았지

J'ai vu … Oui ! J'ai tout vu, hormis ce que mes yeux
N'ont pas pu me montrer dans le cœur des humains.

(In *Les Feux de l'Horizon*)

(In *CD audio « Promenade poétique »*)

그랬다… 나는 보았다! 모든 걸 다 보았다
내 눈이 인간의 마음으로 보여줄 수 있는 것만 빼고

(시집 『지평선의 불꽃』 수록)
(오디오 CD 「시의 산책」 수록)

Les mots du traducteur

La poésie moderne coréenne s'est développée en renouvelant ses formes traditionnelles, tout en s'enrichissant de l'influence des poètes étrangers. Parmi celles-ci, le symbolisme et le surréalisme français ont exercé une influence particulièrement forte. De ce fait, les lecteurs coréens demeurent encore aujourd'hui profondément attachés à l' l'ancienne poésie française. La rencontre avec l'œuvre d'un d'un poète français contemporain constitue pour eux une expérience précieuse et rare. Jean-Charles Dorge, également président de la Société des Poètes Français, bouscule subtilement nos idées reçues sur la poésie française et nous ramène au coeur même de notre propre existence. Ses poèmes remettent la poésie à sa place originelle, oscillant entre ville et nature, présent et passé, éveil et ivresse. Les amateurs de poésie française y percevront les résonances des voix de Victor Hugo, Charles Baudelaire, Paul Verlaine et Apollinaire. Cependant, l'image des *Sabots dans la masure* appartient déjà à un paysage familier de la poésie coréenne. Le paysage spirituel décrit par ce poète est intéressant, car il recoupe ce que nous avons perçu précédemment chez Baek Seok et les poètes du groupe Cheongnok. Ce recueil de poèmes nous révèle un paysage poétique originel partagé par les Français et les Coréens.

KIM Jin-ha
Professeur à l'Université Nationale de Séoul

옮긴이의 말

한국의 근대시는 전통 형식을 갱신하는 한편으로 외국 시인들의 영향을 받으며 발전했다. 그중에서도 특히 프랑스 상징주의와 초현실주의의 영향이 컸다. 그러다 보니 여전히 독자들은 과거의 프랑스 시에 경도되어 있다. 그래서 동시대 프랑스 시인의 시를 한국 독자들이 접하는 것은 귀한 경험이다. 프랑스시인협회 회장이기도 한 시인 장-샤를 도르주는 프랑스 시에 대한 우리의 선입견을 미세하게 깨뜨리며 다시 한 번 우리 자신의 삶으로 이끌어간다. 그의 시들은 도시와 자연, 현재와 과거, 각성과 도취 사이를 넘나들며 시를 본연의 자리로 돌려준다. 프랑스 시의 애호자들은 그의 목소리에서 빅토르 위고, 샤를 보들레르, 폴 베를렌, 아폴리네르의 음성을 듣기도 할 것이다. 그러나 『오두막의 나막신』의 이미지는 이미 한국시의 한 풍경이기도 하다. 이 시인이 그려내는 정신의 풍경은 우리가 일찍이 백석이나 청록파 시인에게서 보았던 그것과 겹쳐보여서 흥미롭다. 우리는 이 시집에서 프랑스인과 한국인이 공유하는 시의 근원 풍경을 발견하게 된다.

김진하

서울대학교 교수

오두막의 나막신
Les sabots dans la masure

초판 1쇄 발행 _ 2025년 5월 30일

지 은 이 · 장-샤를 도르주
옮 긴 이 · 김 진 하
발 행 인 · 정 현 걸
발 행 · 신 아 사
인 쇄 · 한승문화
출판등록 · 1956년 1월 5일 (제9-52호)
주 소 · 서울특별시 은평구 통일로 59길 4
전 화 · 02)382-6411 · 팩스 02)382-6401
홈페이지 · www.shinasa.co.kr
E - MAIL · shinasa@daum.net
ISBN 979-11-7342-091-7 (03860)

정가 10,000원